Blick zurück... 2020

BOOKS on DEMAND

Jeden Monat des Jahres konnten die Mitglieder des intern. Literatur und Künstlerforums Garten der Poesie, die eingereichten Werke öffentlich bewerten. Die höchst bewerteten Beiträge wurden in diesem Jahrbuch zusammengefasst.
Ich danke allen Beteiligten für ihren Einsatz im Interesse einer stetig wachsenden Forum Gemeinschaft.

Januar 2021

Bernd Rosarius
(Administrator)

Garten der Poesie

Blick zurück... 2020

Lyrische Blüten verwelken nie!

Bibliografische Information der Deutschen Nationalbibliothek:
Die Deutsche Nationalbibliothek verzeichnet diese Publikation in der
Deutschen Nationalbibliografie; detaillierte bibliografische Daten sind im
Internet über http://dnb.dnb.de abrufbar.

© 2021 Garten der Poesie **(Herausgeber: Bernd Rosarius)**

Bilder/Fotos/Texte: Garten der Poesie **(Namen der Autoren, auf der
Cover-Rückseite)**
Coverbild: **Anneliese Leding**

Herstellung und Verlag: BoD – Books on Demand, Norderstedt

ISBN: 978-3-7534-0908-5

Inhalt:

Inhalt:

Inhalt:

Januar:

Eiskristall am Fenster

Flockentanz

Flockentanz in stillen Stunden,
es schläft der weiße Winterwald,
Eis und Schnee haben sich gefunden,
der Wald er schläft, es ist sehr kalt.

Die Welt im Wald ist stumm und schweigt,
unter einer weißen Pracht.
Bis sich ganz fern der Frühling zeigt,
vergessen ist die Winternacht.

Flockentanz in stiller Stunde,
der Wald er schläft von Baum zu Baum.
Ihr Menschen hört die frohe Kunde,
"Die Welt ist schön, sie ist kein Traum."

© Günter Weschke

Winterzauber

An den Fenstern Eiskristalle,
Winterglitzerwelt.
Auf den Bergen und im Tale,
aus des Himmels Wolkenschale,
sachte Schnee hernieder fällt.

Winterweisser Flockentanz,
Schneeflöckchenballett.
Mit zauberhafter Eleganz,
voller Anmut, mit Brillanz,
zeigt der Winter sich, adrett.

Schneegeknirsch unter den Füssen,
weiße Winterpracht.
Eis auf Seen und auf Flüssen,
Schneemann will im Garten grüßen,
heissa, Schneeballschlacht.

Warm und gemütlich ist´s Zuhaus,
Winterkuschelzeit.
Heißer Kakao und Plätzchenschmaus,
Kätzchen schaut zum Fenster raus,
friedliche Behaglichkeit.

© Sabine Müller

Winterkissenschlacht

In Frau Holles Schlafgemach,
ist Herr Winter aufgewacht,
er fühlt sich frisch und ausgeruht,
das Schläfchen tat ihm richtig gut.

Herzhaft gähnend reckt er sich,
sitzt gleich darauf am Frühstückstisch,
bei frischen Brötchen und Kaffee,
plant er schon den ersten Schnee.

Am Himmelswetterapparat,
steht Herr Frost schon längst parat,
er will, etwa viertel nach zehn,
die Temperatur runter drehen.

Frau Holle sucht die Betten raus,
stapelt sie alle vor dem Haus,
neben der alten großen Fichte,
dort warten schon die Winterwichte.

Und dann geht es auch schon los,
die Freude, sie ist riesengroß,
man hört die Meute, wie sie lacht,
bei ihrer Winterkissenschlacht.

Und während dort im Himmel oben,
die Wichte in den Betten toben,
sich Bettdeckenhüpfburgen bauen,

und Kissen um die Ohren hauen,
wirbeln die vielen Federn, munter,
verzaubert nun als Schnee herunter,
und Herr Winter deckt im Nu,
alles weiß und glitzernd zu.

© Sabine Müller

Eine Spur der Hoffnung

Flockentanz in stillen Stunden,
Eiskristalle blitzen klar,
der stille Weiher ward gefunden,
Schneespur führt ins Neue Jahr.

Die letzte Stunde eines Jahres,
wiegt so schwer im Glockenklang,
Vergangenes ist stets verloren,
Neues steht schon vor den Toren.

Lässt uns Hoffen,
lässt uns Bangen.

© Günter Weschke

Februar

Ein Tag geschenkt

Impression im Februar

Samstagmittag gegen vier
öffne ich die Gartentür,
gehe in den Garten rein
und spüre warm den Sonnenschein.
Erfreut ob dieser hellen Flut,
schau ich mich um, was sich so tut.

Schneeglöckchen steh'n in losen Gruppen
leuchtend weiß am Gartenschuppen,
Krokusse im blauen Kleid
machen sich im Rasen breit,
und es knospet grün der Flieder
wie letztes Jahr sehr früh schon wieder.
Der Winterlinge gelber Ton
lockt an die erste Biene schon.
Da haut es mich fast aus den Socken:
am Gewächshaus kommen Osterglocken.

Nun hol' ich einen Stuhl von drinnen,
genieß' Natur mit allen Sinnen.
Spatzen, sonst am Futterhäuschen,
machen jetzt ein kleines Päuschen,
finden es ganz unerhört
und fühlen sich von mir gestört.
Der Maulwurf hat die Sonn' gerochen,
und sich nach unten längst verkrochen.
Sicher denkt er - sonderbar,
wir haben doch erst Februar!

Ich bring den Stuhl jetzt wieder rein,
laß' das Gefiedervolk allein,
und möchte nicht mehr länger stören,
die Vögel wieder zwitschern hören.

© Roland Rothfuß

Schalttag

Kalender machen, das ist schwierig,
doch manche waren ganz begierig,
berechneten den Jahreslauf,
naturgemäß ging's nicht ganz auf.

Die Zeiger drehen ihre Runden
und zählen vierundzwanzig Stunden.
In diesen Zeitraum eingezwängt
wird täglich etwas Zeit verschenkt.

Doch müssen wir nicht traurig sein,
ein Schaltjahr fügen wir uns ein,
und somit holen wir zum Glück
nach vier Jahren unsere Zeit zurück.

Der Schalttag wird uns nicht geschenkt,
was man normalerweise denkt,
der Mensch rechnet die Zeit sich aus
und die Natur macht sich nichts draus.

Ich möchte es doch anders sehen,
nach meinem Bauchgefühl jetzt gehen,
der eine Tag im Schaltjahr eben,
der kann mir doch mehr Freude geben.

© Roland Rothfuß

Ein geschenkter Tag

Ein ganzer Tag im Februar
wird mir geschenkt in diesem Jahr.
Am Morgen lad´ ich Hanna ein,
die ist ja immer so allein.
Ich habe Zeit, höre ihr zu,
der Vormittag vergeht im Nu.

Da wir beide gerne singen,
hört man rost´ge Stimmen klingen.
Gedacht sind sie nur für uns zwei,
wir lachen uns kaputt dabei.
Keiner uns die Freude nimmt,
nur die Gitarre ist verstimmt.

Das wollen wir nun öfter machen
und nicht nur im Schaltjahr lachen.
Geschenkter Tag im Februar,
für uns war er ganz wunderbar.
Es klang der Tag ganz friedlich aus
und Hanna ging vergnügt nach Haus.

© Sabine Brauer

Mein Raum

Ich lebe hier in meiner Zeit,
dem Raum, den ich gestalten kann.
Ich wuchs in ihm und war bereit,
nahm, was er hatte dankbar an.

Hab ihn mit Freude bunt gemacht,
ringsum mit Farben ihn verziert,
in ihm geliebt, geweint,gelacht,
mich über nichts, was war, geniert.

Was kommen wollte, ließ ich ein,
doch manches konnte ich nicht fassen.
Die Zeit, der Raum sind beide mein,
und niemals kann ich sie verlassen.

Ich bin in meiner eignen Zeit,
für mich besteht kein andrer Raum,
hier hab ich Freude, Lust und Leid,
nur manchmal flieh ich ihn im Traum.

© Barbara Kopf

März

Frühlingserwachen

Frühlingsgefühl

Luft wie schmeichelzarte Seide,
sanftes rieseln auf der Haut.
Rings ist alles Augenweide,
lang hat keiner sie geschaut.

Grämen muss sich da verstecken.
Wer will hier noch traurig sein?
Blüht und grünt's an allen Ecken,
wärmt der Frühlingssonnenschein.

Helles Leuchten, Jubilieren,
Summen, Flattern und Getön,
seliges sich drein Verlieren.
Frühling Du bist wunderschön.

© Barbara Kopf

Das Kleid des Frühlings

Das Kleid des Frühlings leuchtend leicht und duftig
Gemächlich findet es nun seine Form
Der kahle Winter hinterließ es luftig
und farblos kalt, entsprechend seiner Norm
Sein Duft im kalten Licht bisher so gruftig
Die wundersame Wandlung ist enorm.
Wie Phönix aus der Asche neu geboren
hat es die kalten Farben nun verloren.

© Greta Hennen

Das Krokus

Das Krokus und der Krokus,
haben sich verlobt,
und sich über den Winter,
so richtig ausgetobt.

Jetzt wo es langsam wärmer wird,
hat sich manch Krokuskind verirrt,
es steckt seinen Kopf aus mancher Krume,
ich sag, es ist 'ne Schlüsselblume.

Wie wahr, das Krokus schließt die Tore auf
und lässt dem Frühling seinen Lauf,
wir müssen hinter manchen Hecken,
die schönsten Blumen nur entdecken.

Das Krokus schließt die Herzen auf
und küsst sanft unseren Sinn,
lässt den Frühling in unser Herz,
wir schmelzen dabei gerne hin.

© Günter Weschke

Die bunten Socken

Am Tor da steht ein junger Mann,
hat unscheinbare Kleider an.
Ganz in den Falten gut versteckt,
hab ich ein bisschen Bunt entdeckt.

„Ein solcher Jüngling frisch und jung,
bringt uns bestimmt ein bisschen Schwung.“
So dachte ich - mach auf das Tor,
da kam er mir gleich bunter vor.

„Komm rein zu uns und lass Dich nieder,
wir singen schöne Frühlingslieder,
den Frühling zu uns herzulocken.“
Da sah ich seine bunten Socken.

Und mir fiel ein, was ich längst weiß -
die Socken sind mir der Beweis -
„er ist der Frühling, ohne Fragen,
denn er nur, kann die Socken tragen.“

Sie zaubern Frühlingsbunt beim Schreiten,
und Lebenslust in alle Weiten.
Sie heilen uns mit sanften Tritten,
und kunterbunten Frühlingschritten.

Die Socken lässt der Jüngling an,
wer weiß, wo er sie brauchen kann.
Nun macht Euch auf, genießt was blüht,
bevor der Frühling weiterzieht.

© Barbara Kopf

April

Kapriolen

Ostern 2020

COVID's Schatten hält seit langem,
die Welt zu Hause eingefangen.
Unbeeindruckt, grün und stur.
sprießt frühlingshaft rings die Natur.

Vögel jubeln in den Bäumen,
bau'n erwartungsfroh das Nest.
Es gilt die Zeit nicht zu versäumen,
die man nennt das Osterfest.

Vom Rausche halten Menschen inne,
in diesem Fall die Feier klein.
Harren gleich der trägen Spinne,
im Netz zu Haus mit sich allein.

Ostern läßt uns tiefer sehen,
nach dem Grund für manche Schmach.
Es ist das Fest vom Auferstehen
und dass es weiter geht – danach.

© Hartmut Otto

Kapriolen im April

An der Wetterbachmaschine,
schwitzt des Petrus Azubine,
denn der liebe Herr April,
weiß wieder mal nicht, was er will.

Mal will er Schnee, dann wieder Regen,
schon bald darauf der Sonne Segen,
Gewitter mit heftigen Böen
und Hagelkörnern will er sehen.

Und das alles binnen Minuten,
die Azubine muss sich sputen,
ständig will mit neuen Ordern,
der April was and´res fordern.

Sie drückt ´nen Knopf, legt Hebel um,
sie dreht ein Rad nach rechts herum,
ein anderes das dreht sie flinks,
ganz akkurat, ein Stück nach links.

Oh, wie die Maschine rattert,
wie sie dampft und zischt und knattert,
plötzlich ein Knall, da ist´s passiert,
der Apparat ist explodiert.

Die Wettermeut´, in hohem Bogen,
schwungvoll aus dem Gerät geflogen,
ist nun auf dicken Wolkenhügeln,

sich um die Vorherrschaft am prügeln.
Die Azubine, sie erschrickt,
das Wetter spielt total verrückt,
das findet sie nun echt besch...eiden,
hat ihre Lehre hingeschmissen.

Voll Freude jubelt der April,
nun hat er alles, was er will,
und er freut sich unverhohlen,
ob dieser Wetterkapriolen.

Die Azubine fand sehr schnelle,
eine neue Ausbildungsstelle,
Amor suchte schon lang ´ne nette,
Azubine als Amorette.

© Sabine Müller

Schnee der Nacht

Ein kalter Schnee fiel über Nacht
und hat den Frühling weiß gemacht,
hat was da blühte überweht.
Ob dieser Frühling wieder geht?

Nein, nein, er wird bestimmt nicht gehn.
Am Morgen gleich war es zu sehn.
Die Sonne sagt zum Schnee, der weint:
„Ich weiß, es war nicht bös gemeint."

„Du kannst den Frühling jetzt begießen,
ich mach Dich warm dann kannst Du fließen."
So hat der kalte Schnee der Nacht,
dem Blühen doch noch Glück gebracht.

© Barbara Kopf

Sonderseiten: Gedichte-Wettbewerb zum Thema:

"Hinter dem Gartenzaun"

Die goldene Urkunde zum 1.Platz im Wettbewerb geht an: Silvia Sowa mit dem Gedicht "Hinter dem Gartenzaun."

Hinter dem Gartenzaun

Es öffnet sich die Gartenpforte,
noch nie war ich hier, mir fehlen die Worte.
Ein sinnlicher Duft strömt mir entgegen,
ich bleibe auf den schmalen Wegen.

Gehe durch einen verwunschenen Gang
ein zauberhafter Gang mit Rosenbehang.
Voller Schönheit ist die Natur,
ich folge hier auf ihrer Spur.

Sie trägt ein wundervolles Kleid,
ich nenne es 'Vollkommenheit'.
Es schimmert zwischen den Rosenzweigen,
diese Ranken scheinen sich zu verneigen.

Traue meinen Augen kaum,
wahr wird ein lang ersehnter Traum.
Es liegt vor mir ein zarter Blumenfloor,
der Chor singt in einem Fort.

Du stehst da, hälst nun zärtlich meine Hand,
uns vereint jetzt ein enges Band.
Wahr wurde unser Traum,
wahr wurde er hinter dem Gartenzaun.
© Silvia Sowa

Die silberne Urkunde zum 2.Platz im Wettbewerb geht an: Roland Rothfuß mit dem Gedicht "Hinter dem Gartenzaun."

Im Garten der Poesie

Es blüht im Netz ein schöner Garten,
wo Kunst gedeiht in mehreren Sparten.
Rund um die Uhr kann man verbringen
die Zeit dort mit sehr schönen Dingen.
Es wird kreiert mit Bild und Schrift,
bei manchen wird nie müd' der Stift.
Natürlich muss es Regeln geben,
benimmt sich einer mal daneben,
kriegt er gehörig auf die Mütz
von Gabi auch auf Schwyzerdütsch.
So ist der Garten wohl bekannt
von Friesland bis ins Schweizer Land,
und viele Gäste täglich schau'n
neugierig über'n Gartenzaun.
Der Gartenzaun hat viele Lücken,
die Poesie kann dort entzücken,
auf welcher Seite man auch steht:
Der Künstlerwind, er lebt und weht.

© Roland Rothfuß

Die bronzene Urkunde zum 3.Platz im Wettbewerb geht an: Margitta Sünwoldt mit dem Gedicht "Der Optimist oder wider alle Vernunft"

Der Optimist oder wider alle Vernunft

Der Zaun war unerreichbar hoch
Und ich so jung und klein.
Ich rüttelte und zerrte an den Stäben
Vor Ungeduld und Neugier
Auf das Leben.

Nun bin ich alt.
Alles gab´ s in dieser Zeit.
Freude, große Not, ein kleines Glück und
Traurigkeit.

Könnt ich nochmals stehen an diesem Zaun
Ich rüttelte erneut an diesen Stäben.
Würde allerdings mit mehr Geduld und mutiger
Auch heute noch
Die Welt aus ihren Angeln heben.

© Margitta Sünwoldt

Mai

Leben mit Corona

Die zweite Seite

In diesen unseren Corona-Zeiten
heißt es entbehren, schützen und auch leiden.
Bei diesem unsäglichen Graus
mach' ich mir einen Reim daraus.

Jedes Ding hat doch zwei Seiten,
welche täglich uns begleiten.
Corona geht nicht schnell vorbei,
doch hat es auch der Seiten zwei.

Rücksicht auf die alten Leute
bringen in die Welt viel Freude.
Zwei Seiten hat auch, glaube mir,
unser liebes Klopapier.

Vom Hamstern sind Regale leer,
kein Papier gibt's heute mehr.
Dem Nachbarn sage ich es gleich,
der fragt zurück: „Hart oder weich?"
und gibt mir gleich in einer Tüte
vier Rollen von der besten Güte.

Das ist doch eine schöne Seite,
den Nachbarn mag ich gern seit heute.
So hört man nun von vielen Dingen,
die Menschen jetzt zusammenbringen.

Ich mach' mir einen Reim daraus
bevor die Reime gehen aus:
Mit Sorg' sieht man die schlimme Seite,
ich möchte sehen auch die zweite.

© Roland Rothfuß

Kleine Maus sieht traurig aus

© Sabine Brauer

Bin ich niemand?

In der vierten Corona- Woche werkelt die Rentnerin Gertrude im Garten, lockert den Boden, entfernt Unkraut, reibt sich den schmerzenden Rücken, stöhnt und stellt Osterschmuck auf. Kopfschüttelnd sieht ihr Mann ihr dabei zu: „Weshalb schindest du deine morschen Knochen, setz dich lieber hin und ruhe dich aus. Für wen machst du das nur alles, das sieht doch niemand!"

Mit Tränen in den Augen sieht sie ihn an: "Emil, ich möchte ein bisschen Freude und Normalität, ich sehe es! Bin ich niemand?"

© Sabine Brauer

Ausnahmesituation

Nachrichten geschaut,
Corona-Pandemie.
Schlafen gelegt.

Frittierfett brodelt,
keine Berliner
im Topf.

So viele Teiglinge,
nicht gebacken.
Kirmes fällt aus.

Aufgewacht,
kalt abgeduscht,
weiter geschlafen.

Frittierfett brodelt
einsam im Topf.
Ofen abstellen!

So viele Teiglinge
ungebacken.
Gedankenkarussel.

Wach geworden,
Kaffee gekocht.
Nachrichten geschaut.

Kühllaster mit Toten,
Neu-Infizierte...
und ich esse ein Tuc.

© Sabine Brauer

Juni

Erlebnisse/Episoden einmal anders

Süße Verführung

Es war einmal ein kleiner Kuss,
der liebte es zu naschen,
mit seinem Schleckermäulchen tat
er süßes nur erhaschen.

So küsste er gern immerzu,
Desserts und feine Kuchen,
denn alles was so süß aussah,
das musste er versuchen.

Auch Karamelldrops küsste er,
sowie Bonbons aus Sahne,
im Feinkostladen traf er auf
eine besond're Dame.

Sie sah zum Niederküssen aus,
schön, wie aus einem Märchen,
er war sofort von ihr entzückt,
konnte sich kaum beherrschen.

Wie denn ihr werter Name sei,
wollte er von ihr wissen,
er konnte ja nicht einfach so,
eine Wildfremde küssen.

Mit dunklem Timbre hauchte sie,
man nennt mich Schokolade,
mit meinem unglaublichen Schmelz
bin ich eine ganz Zarte.

Diese Verführung war sehr groß,
sie raubt ihm jeden Sinn,
mit seiner ganzen Leidenschaft,
da gab er sich ihr hin.

Und so verschmolzen beide gleich
mit leckerem Genuss,
zu einer süßen Köstlichkeit,
zu einem Schokokuss.

© Sabine Müller

Träumerische Wolkenschau

Watte bauschig zieht ein Völkchen,
über grenzenloses Blau,
ständig ändern sich die Wölkchen,
mal sind's Schäfchen, mal ein Pfau.

Lautlos träge, ohne Hast,
wandern weiße Elefanten.
Da! Ein Schiff mit blankem Mast,
fährt dahin zu fernen Landen.

Hier ein Berg aus Zuckerwatte,
dort ein kleines Känguru,
eine struppig weiße Ratte
kriecht gemächlich auf mich zu.

Kurz nur können sie sich zeigen,
rastlos ändern sie ihr Bild,
durch den weißen Wolkenreigen
lächelt unsere Sonne mild.

Sorglos, wie in frühen Jahren,
träumt nach oben sich mein Sinn,
wo die Cumuli mich fahren,
in ein fernes Traumland hin.

© Roland Rothfuß

Foto: Sabine Brauer-Text: Roland Rothfuß

Schmetterlingshochzeit

Silberwein in Taukristallen,
gold´ne Sonnenhochzeitsküsse,
Fliederlila hingehaucht,
wehen Düfte, sinnlich, süße,
wecken zärtliche Begierden,
in grazilen Blütenhirten,
die sich an die Liebsten schmiegen,
verführerisch im Tanz sich wiegen,
und in des Sommers Hochzeitssälen,
sich unterm blauen Zelt vermählen.

Wenn deine Fantasie dich lässt,
sei Gast bei diesem Hochzeitsfest.

© Sabine Müller

Juli

Urlaub im Bad mein Garten

Der Ideale Arbeitsplatz

Foto © Heinz-Arthur Brauer

Das Schilf im Teich ist schlaff vom Sturme,
der über ihn hinweg gefegt.
Geknickt hat es sich darauf müde
einfach ganz flach hingelegt.

Es will sich drum nach Tagen Ruhe
nicht auch nur einmal hoch bemühen,
was meinen Gatten, wenn er hinschaut
die Stirne lässt in Falten ziehen.

Er spricht zu mir: "Schwimme du rüber
und schaue dir vor Ort mal an,
ob man vom Schilf dort in dem Teiche
wohl noch etwas retten kann."

Doch mir graut vorm kalten Wasser,
traue mich jetzt nicht hinein.
Lieber warte ich zwei Wochen,
dann wird es angenehmer sein.

Als das Thermometer klettert,
Frau Sonne hoch vom Himmel lacht,
dann hört man allenthalben Klagen,
weil Hitze uns zu schaffen macht.

"Nun ist meine Zeit gekommen",
sage ich zu meinem Schatz,
"denn an warmen Sommertagen
ist hier der beste Arbeitsplatz."

© Sabine Brauer

Blütezeit

Zu jeder Zeit und ohne Mühen
wird uns im Leben etwas blühen
und deshalb sucht man nicht vergebens
nach einer Blütezeit des Lebens.

Das Leben hält uns allezeit
stets Knospen jeder Art bereit.
Doch Blüten weinen, Blüten lachen.
Sie können Sorgen, Freude machen.

Bei Sorgenblüten will ich denken:
„Sie sollen mich nicht lange kränken.
Das Leben schenkt in seiner Güten
mir bald schon wieder Rosenblüten."

Solange mir das Leben blüht
erachte ich es für verfrüht,
gleich alle Pflanzen abzumähen.
Ich will stets neue Blüten säen,

bevor die letzte Blüte dann,
sich einst ganz sanft entblättern kann,
weil sie mir auch Gewissheit bringt,
dass immer neues Blühen winkt.

© Foto und Text - Greta Hennen

Lilien

Acryl auf Leinwand 30x40

© Greta Hennen

Sommerblumen
Acryl auf Papier

Sommertag
Eine Sinfonie 6 Tops

Allegro

Früh morgens, da blinzeln die sonnigen Strahlen
von Osten her über das taufrische Land,
vertreiben die nächtlichen Schatten, die fahlen,
und legen ein glänzendes goldenes Band.
Die Vögel begrüßen mit fröhlichem Pfeifen
die Sonne und ihre aufsteigende Pracht,
der Mensch und das Tier nun ihr Tagwerk ergreifen,
das emsige Treiben erst lebenswert macht.

Adagio

Bleischwer liegt die träge Luft
flirrend in der Mittagszeit,
fast ist jetzt der Schwung verpufft,
langsam kriecht die Müdigkeit.
Voll besetzt sind nun die Schatten,
schützend vor dem Hitzeschwall,
wo die Müden und die Matten
sich erholen überall.

Rondo

Nun lädt ein Wind uns ein zum Bade,
noch ist er sanft wie eine Brise,
und Viele fahren mit dem Rade,

manch Andere grillen auf der Wiese,
genießen so die freien Zeiten
auf grüner Wiese, mit dem Rade
hinaus in sommerliche Weiten,
vielleicht mit einem frischen Bade.

Allegro

Es türmen die weißgrauen Wolken sich auf,
der Wind kommt in böigen Wellen,
Gewitter zieh'n drohend in Schwärze herauf
und Blitze die Gegend erhellen.
Mit krachendem Donner erzittert die Luft,
die Wasser, sie fallen in Strömen hernieder
und waschen die Luft frei vom schwülheißen Duft,
am Abend, da leuchten die Sterne dann wieder.

© Roland Rothfuß

August

Sommerfeeling-Heiße Tage

Rückblende

Montagnacht, oder besser gesagt, früher Dienstagmorgen, 00:18 Uhr. Die Zimmertemperatur beträgt immer noch 29°. Zu heiß, um schlafen zu gehen, zu dunkel, um einen Spaziergang zu machen, außerdem auch gefährlich. Der Gatte schläft unter seiner Schlafmaske und der Hund liegt zusammengerollt auf dem Sofa. Wie ich beide beneide. Wenn ich noch jung wäre, da könnte ich mir die Zeit schon vertreiben mit dem schmucken Kerl, der zu mir gehört. Ja, damals konnten die Nächte in jeder Hinsicht gar nicht heiß genug sein. Wenn ich daran denke, rinnt mir der Schweiß schon wieder den Rücken runter.

Ob mir das heute mit meinem kaputten Rücken und den steifen Knochen noch gelänge, diese Verrenkungen bei der Nachtakrobatik? Ein Alptraum, aus dem ich nicht mehr erwache, wie mir scheint. Ich erinnere mich, wie wir uns als Jugendliche darüber lustig gemacht haben, wie es Opa und Oma machen, dass sie noch auf Touren kommen. Wie hätten wir Naivlinge ahnen können, dass wir selber mal in diese, sagen wir mal "missliche Lage" kommen könnten. Es lagen ja Lichtjahre dazwischen.

Heute lieben wir anders, nicht mehr so voller Leidenschaft, weil es uns ja dann auch körperliche Leiden schafft, aber inniger. Die Nähe des anderen tut uns gut und ohne den Partner fühlen wir uns nicht vollständig. Ein Paar, ein Leib, im übertragenen Sinne, wie die Bibel schon sagt. Schmusen, Zärtlichkeiten austauschen, liebevolle Blicke, kleine Komplimente machen oder auch ein wenig sticheln, diese Dinge haben einen viel höheren Stellenwert bekommen. Sich gegenseitig auf die Palme bringen und sich diebisch freuen, dass es wieder mal gelungen ist, bereichert uns. Die wirklichen bösen Streitereien, die es früher hauptsächlich wegen der Kinder gab, sind gewichen. Dafür gibt es die kleine Kabbelei, die schnell wieder vergeben ist und im Nachhinein oft ein Schmunzeln auslöst.

Diese nächtliche Rückblende hat mich still werden lassen und dankbar für das, was ich noch habe. Die kalte Dusche, die ich mir noch gönne, wird mir dann auch die Möglichkeit geben, erfrischt ins Bett zu kriechen und mir warme wohlige Gedanken zu machen, die mich in einen erholsamen Schlaf gleiten lassen.

© Sabine Brauer

Oh dieser Sommer ist so heiß

Oh dieser Sommer ist so heiß
und niemand weiß warum.
Verrät es uns um keinen Preis,
verhält sich weiter stumm.

Die Sonne ist wohl Schuld daran.
Sie gibt es nur nicht zu
und macht ihn immer weiter an.
Wann gibt sie endlich Ruh?

Sie hat ihm so sehr eingeheizt,
verweigert jeden Kuss.
Wenn sie ihn immer weiter reizt,
hilft nur ein kalter Guss.

Oh dieser Sommer ist so heiß
und niemand weiß auf wen.
Verrät es uns um keinen Preis
und lässt sich weiter geh'n.

Der Himmel ist wohl schuld daran,
ihm wird so himmelblau.
Das törnt des Sommers Stimmung an
bald bis zum Hitzestau.

Doch Übermut tut selten gut,
Gewitter naht verwegen.
Dem Sommer kühlt nun doch die Glut
zum guten Schluss der Regen.

© Greta Hennen

In der Wanne

In der Wanne weißer Schaum.
Wohlig ist´s, darin zu liegen,
Fliederduft durchzieht den Raum.

Von der schönen Zeit mit dir,
in Gedanken Bilder malen,
die wir zwei erlebten hier.

Danach in Laken, kuschelweich,
einten sich die heißen Leiber,
entschwebten so ins Liebesreich.

In der Wanne weißer Schaum,
möchte ewig hier verweilen
und träumen meinen Liebestraum.

© Sabine Brauer

Sommerabend

nicht nur die Zirpen fangen an zu grillen.
Auch Werner legt nun manches Fleischstück auf.
Er fühlt den Drang nun seinen Durst zu stillen.
Nicht nur die Wurst bläht sich beträchtlich auf.

Er meint, ein großes Steak sei sein Gemüse
und niemand herrscht hier über seinen Grill.
Nur den Salat macht seine Anneliese.
Die lächelt wieder einmal fein und still.

Die Gäste sind nun zahlreich eingetrudelt
und warten auf den Grillgenuss.
Die kleine Suse hat sich ein gesuselt
mit Himbeereis und einem Schokokuss.

Die Mama wird die Kleine wieder richten.
Die Kinder schickt man ins Etagenbett,
um sie dort sauber einzuschichten.
Dann wird der Abend sicherlich recht nett.

Den Grill umrunden nun drei Meister.
Das Fleisch bäumt sich ein letztes Mal noch auf.
Die Marinade, wie Tapetenkleister,
verhindert sicher der Verformung Lauf.

Ernst sagt ernst: Man muss es gut begießen,
das Fleischstück und den Führerschein von Hagen.
Prost! Lasst das Bierchen uns genießen
für den Bauchspeck und auch für den Magen.

Das Fleisch liegt nun gekräuselt auf dem Teller
und Werner lax im Blumenbeet.
Es ist schon früh und langsam wird es heller.
Die Zirpen grillen nun, solange es noch geht.

© Greta Hennen

Das blaue Boot

Aquarell

© Anneliese Leding

September
September-Symphonie

Farbenfrohe Wolkenpracht

© Sabine Brauer

Der sanfte Herbst

Die Raben krächzen, dass es herbstlich werde,
und Blätter zittern zögernd an den Zweigen.
Sie wollen noch nicht fallen, sich nicht neigen,
sind längst noch nicht bereit für Mutter Erde.

Die Morgen werden frischer, Nebel hängen,
versilbern Stille, die sie lautlos weben.
Verlangsamt scheint mir plötzlich alles Leben,
als hinge es in unsichtbaren Fängen.

Doch wenn die Sonne samtig golden bricht
durch das Geäst und Tau im Glanz erstrahlt,
dann weiß ich, dass der Herbst mir Bilder malt,

die Stolz und Schönheit im Vergehen wagen.
Sie trauern nicht um Ende und Verzicht,
weil sie Geschichten eines prallen Lebens tragen.

© Monika Schnitzler

Herbstlich angehaucht

Der Silbersee im September

© Sabine Brauer

Resümee der Erntezeit

Die Himbeern, Brombeern und Tomaten
sind dieses Jahr sehr gut geraten.
Ein Apfel hat mich angelächelt,
doch dann an dem Geäst geschwächelt.

Nur spärlich blühte die Ringlotte
und kam mit Pflaumen schlecht zu Potte.
Bei Gurken und auch bei Buschbohnen
tat sich das Ernten super lohnen.

So wie im Garten ist's beim Reimen,
des Gärtners Freude liegt beim Keimen,
des Dichters Freude hell und licht
die wächst beim Gleichklang im Gedicht.

Das Ernten hat sattreichen Schimmer,
denn irgend etwas wächst doch immer.
Wie die Tomaten leuchtend ranken,
so kommen leuchtend die Gedanken.

Ist die Idee im Reim gebunden
und wurden Leser ihr gefunden,
bei denen freudig das Gemüt,
dann ist die Erntezeit erblüht.

© Roland Rothfuß

Sonnenblumen

Acryl auf Karton 30x40

© Greta Hennen

Oktober

Herbst-Melodie in Lyrik und Prosa

Schlaflos

Ich geh schlaflos durch die Straßen meiner Stadt,
es ist ganz still, vom Straßenbaum fällt leis ein Blatt,
es legt sich auf das feuchte Pflaster,
kein Lachen, kein Lärmen, jetzt schläft auch das
Laster.

Nur schwarze Luft, ich atme tief,
ich spüre ein Frösteln, wer war's der da rief?
Es war nur ein Käuzchen doch mir ward Bange.
Ich kehre schnell um, ich lauf schon zu lange.

Wie ein Mantel umfängt mich die Dunkelheit,
der Weg bis nach Hause war doch niemals so weit?
Meine Straße verschwindet im nachtdunklen Licht.
Wo bin ich, mein Haus, ich finde es nicht.

Ich werd' plötzlich müde, versuche zu schlafen,
fühl mich geborgen, wie ein Schiff im Hafen.
Ein Stern fällt herab, vor meine Füße,
ein Gruß des Himmels, göttliche Grüße?

Als man mich findet im Morgenrot,
rief dreimal das Käuzchen, doch ich war schon tot.

© Günter Weschke

Alt geworden

Mein Leben gelebt und eine Familie gehabt,
erst starb die Frau, die Kinder folgten früh ins
Grab.
Mein Leben war Arbeit, hab stets geschafft,
jetzt bin ich alt, jetzt fehlt mir die Kraft.
Das Leben war schön, bis das Sterben begann.
"Oh Gott, sage mir, was hab ich getan"?
Allein sitz ich morgens am Frühstückstisch,
der Kaffee ist kalt, das Brot nicht mehr frisch,
der Platz ist nun leer, wo meine Frau immer saß,
nein, das Leben das macht mir jetzt keinen Spaß.
Mein Blick geht zum Fenster, Forsythien blüh'n,
am Himmel seh' ich weiße Wolken zieh'n.
Die Luft ist mild, der Frühling erwacht,
und ich fürchte mich wieder vor der kommenden
Nacht.
Dann kann ich kaum schlafen, die Knochen tun
weh
das geht vom Genick bis hinunter zum Zeh.
Zerschlagen und müde steh ich morgens auf,
danach beginnt er, mein Tageslauf.
Im Supermarkt steh' ich herum, bin bemüht
all das zu lesen, was auch ein andrer nicht sieht,
zu Kleingedruckt, ich leg's wieder zurück,
beim Einkaufen habe ich wenig Glück.
Im Supermarkt habe ich mich verlaufen
und ganz vergessen etwas zu kaufen.
Zuhause gibt's Suppe, gekocht aus der Tüte,

Ich bin tief gesunken, du meine Güte.
Danach werde ich müde, leg mich aufs Ohr,
das kommt jetzt immer häufiger vor.
Am Abend will ich ein Butterbrot essen,
das Brot habe ich im Markt vergessen.
Eine Tasse Milch, Haferflocken und Zucker dazu,
"mein Abendessen", ich begeb' mich zur Ruh'.
So gehen die Tage, die Wochen dahin,
solch ein Leben zu leben, wo ist da der Sinn?
Man sucht ihn wohl, doch man sucht vergebens,
wo steckt er wohl, der Sinn im Herbst des Lebens?

© Günter Weschke

Der Herbst ist da

Golden fließen Sonnenstrahlen
über Feld und Wald,
können leuchtend Obst bemalen,
abends wird's schon kalt.
Der Herbst ist da.
Rüstig geht man seine Schritte
durch den Wald, das Feld,
fast wie in der Lebensmitte
fühlt man sich als Held.
Der Herbst ist da.

Graue Nebel häufig wallen,
Blätter werden bunter,
massenhaft zu Boden fallen,
Maulwurf wird jetzt munter.
Der Herbst ist da.
Graue Schleier in den Haaren,
langsam wird das Gehen,
lichte Stellen offenbaren
schmerzlich das Vergehen.
Der Herbst ist da.
Das Wachstum wird im Herbst gekrönt
im grau verhangenen Farbenkleid,
mit Silber wird der Mensch verschönt,
und er denkt: Jetzt ist's soweit.
Der Herbst ist da.

© Roland Rothfuß

Der Apfelbaum

Ein Bild aus Kindertagen
geht mir grad durch den Sinn.
Ein Blick vom Blumengarten
zum Apfelbäumchen hin.

Der Baum war arg verkrüppelt,
es wurde schlimmer mit der Zeit
und wenn man ihn so stehen sah,
dann tat er jedem Leid.

Die Tage wurden kürzer,
der Herbst zog durch das Land.
Ich stand vorm Apfelbäumchen
mit ausgestreckter Hand.

Bevor es dann zur Schule ging
pflückte ich mir einen Apfel runter.
Er war noch dunkelgrün und sauer,
drum klopfte ich ihn munter.

War die Stelle weich und braun,
dann saugte ich sie aus,
der Saft, er tropfte auf das Kinn.
Ich machte mir nichts draus.

Der Baum, er musste weichen,
man wollte ihn nicht mehr.
Für mich brach eine Welt zusammen,

ich liebte ihn so sehr.
Das Leben es geht weiter.
Ich werde langsam grau.
Doch das die Äpfel lecker war´n,
das weiß ich noch genau.

© Sabine Brauer

November

Novemberblues

Zeit der Besinnung

Still
wird die Natur
sie ruht
genieß die Stille
bis sie wieder erwacht

© Petra-Josephine

Ein Glückspilz

Wenn Nebel mir die Sicht verhüllt
und keiner meine Sehnsucht stillt,
nach Sommer, Sonne, Strand und Meer,
dann gräme ich mich nicht so sehr.

Egal was der November macht,
auch wenn mir keine Sonne lacht,
ich lasse mich nicht darauf ein.
Verschön´re mir mein Eigenheim.

Mit Blumen, die der Spätherbst schenkt
und mein Gemüt vom Trübsinn lenkt.
Welch wunderschöne Farbenpracht,
hat er jetzt noch hervor gebracht.
Da ich dem Frost ein Schnippchen schlug,
die Blüten schnell ins Warme trug. freu ich mich
recht in meinem Sinn,
weil ich ein echter Glückspilz bin.

© Sabine Brauer

Duftender Trost

Es knospen die Rosen in sanft linder Luft,
ganz zaghaft verströmen sie zart ihren Duft.
Das Blatt vom Kalender zeigt erster November.
Vielleicht blüht die Rose auch noch im Dezember?

Es blühen die Viren in diesem November
viel stärker als damals so Mitte September.
Da möchte zum Trost die Natur uns liebkosen
mit Knospen und Blühen der herrlichen Rosen.

© Roland Rothfuß

Dezember

Jahresrückblick

Gartenjahr 2020

Auf geht es in die Zwanziger,
ein neues Gartenjahr beginnt,
mit einem kleinen Glücksbringer,
der zu euch fröhlich rüberwinkt.

Mit bunter Kreativität,
Herzenslust und frohem Sinn,
wird hier auch dieses Jahr gesät,
gerne bin ich mittendrin.

So lasst uns nun wieder beginnen,
mit Spaß, Freude und Fantasie,
wollen wir ihn zum Blühen bringen,
unseren Garten der Poesie.

Dezembernächte

Geheimnisvoll ist die Welt
in kalten Dezembernächten,
wenn der Himmel klar erhellt
von Sternen, die künden möchten
von einem Wunder,
das alt ist und neu zugleich,
das in die Herzen dringt
und tiefe Freude bringt.
Das sanft macht und weich.

Dezembernächte ziehen still.
Im Schein von Kerzenlicht will
ich wieder sein wie ein Kind,
dem Engel zur Seite sind.

© Jutta Gornik

Vier Kerzen für die Welt

Vier Kerzen mit ihrem leuchtendem Schein
erstrahlen in warmen Licht,
sie leuchten in die Herzen der Menschen hinein,
zaubern ein Lächeln in ihr Gesicht,

Alle vier Kerzen haben ein Leben,
aber du musst ganz leise sein,
dann kannst du verstehen, was sie reden,
sie leuchten tief in die Herzen hinein.

Ein Haus am Ende der Welt, es steht auf einem
Berg und man kann von hier über die ganze Welt
sehen. Einsamkeit und Stille herum. Ein
wundersames Leuchten dringt aus den vier
Fenstern, die in jede Himmelsrichtung angebracht
sind. In jedem der Fenster steht eine brennende
Kerze, ihr Schein dringt durch die Dunkelheit in alle
Teile der Erde.

Plötzlich fängt eine der Kerzen anzureden: "Es ist
alles so traurig auf der Erde, keiner bemüht sich
mein Licht zu erhalten. Ich bin die Kerze des
Friedens, aber überall ist Krieg, die Menschen
achten das Leben nicht mehr. Ältere Menschen
trauen sich nicht mehr abends auf die Straße, wo
man auch hinsieht, gibt es Gewalt, Ich mag nicht
mehr leuchten." Ihre Flamme wurde kleiner, dann
erlosch sie.

Dann redete die zweite Kerze: "Ich bin die Kerze des Vertrauens, man verletzt mich auf der ganzen Welt. Die Menschen treten das Vertrauen mit Füßen, ehrlos verletzen sie sich gegenseitig, und fügen sich und anderen seelische Schmerzen zu. Auch ich bin sehr traurig und sehe keinen Sinn mehr weiter zu leuchten." So sprach sie und langsam erlosch auch ihr Licht.

Es verging eine lange Zeit, dann begann auch die dritte Kerze anzureden: "Ja, sagte sie, Ich kann meine zwei Schwestern verstehen. Ich bin die Kerze der Liebe, aber die Menschen drücken mich bei Seite, Sie verstehen nicht wie wichtig ich bin. Selbst ihre Nächsten werden vergessen. Viele von ihnen sterben einen einsamen Tod. Die Liebe verliert immer mehr an Bedeutung, wird den Menschen immer unwichtiger. Wer kann diesen Menschen noch helfen?" Nun wurde auch ihre Flamme kleiner und erlosch auch.

In allen Teilen der Welt breitete sich fast eine Finsternis aus, die Menschen erschreckten, wollten wieder in die Kirchen gehen. Doch alle Türen waren fest verschlossen. Verzweifelt hoben sie ihre Arme zum Himmel und flehten Gott um Hilfe an. Der aber schickte ihnen ein schweres Gewitter und sie fürchteten sich sehr.

Ein kleiner Engel, durch das Gewitter verängstigt, flüchtete in das Haus am Ende der Welt. Als er den Raum mit den vier Fenstern betrat, erschrak er, denn er sah, dass drei Kerzen erloschen waren und der kleine Engel begann zu weinen. Mit tränenerstickter Stimme sagte er: "Drei Kerzen sind von uns gegangen und es wird immer finsterer auf der Welt, selbst ich fürchte mich!"

Da hörte er die Stimme der vierten Kerze. "Mein liebes Kind, du musst nicht traurig sein, sieh, mein Licht brennt noch, du kannst die anderen Kerzen mit mir anzünden. Schau, ich bin die Kerze der Zuversicht, ich verliere nicht den Glauben an die Menschheit und ich trage die Hoffnung in meinem Licht. Vertrauen, Liebe und Frieden, werden die Menschen wieder zueinander führen."

Der kleine Engel nahm mit glänzenden Augen die Kerze der Zuversicht und zündete damit die erloschenen Kerzen wieder an.

Wichtig ist, wenn Menschen den Menschen Vertrauen,
wenn Friede in unseren Herzen trohnt,
wir können in die Zukunft schauen
und sehen, dass die Liebe in unseren Herzen wohnt.

© Günter Weschke

Das Bild des Jahres

Eine neutrale Jury bewertet jeden Monat, fünf eingereichte Bilder/Fotos aus dem Fundus der Mitglieder des intern. Literatur u. Künstlerforum Garten der Poesie www.garten-der-poesie.de
Eines dieser fünf Werke wird zum Bild des Monats gekürt und der Künstler erhält eine Urkunde. Aus den Monatswerken können die Mitglieder des Forums das Werk des Jahres wählen.
Das Bild des Jahres 2020 trägt den Titel:
„DÄNISCHE NORDSEEKÜSTE" und stammt von
ANNELIESE LEDING

Aufgaben und Ziele für das intern.Literatur- und Künstlerforum Garten der Poesie

Liebe Kunstfreunde!

Sie lieben Konzerte, gute Texte, Malerei und Fotografie? Und sind auf der Suche nach Gleichgesinnten? Dann möchten wir Ihnen unseren "Garten der Poesie" vorstellen. Ein Internet-Forum, das Künstler aus acht Ländern vereint. Ein Forum für Menschen, die kreativ sind und ihre Begabung mit anderen teilen wollen.

Die Geschichte

2006 hatte Bernd Rosarius, der Gründer des Literatur- und Kunstforums, eine Idee: Künstlerisch tätige Menschen sollten sich vernetzen können. Wer im stillen Kämmerlein Gedichte schreibt, auf Reisen Fotos von großer emotionaler Tiefe schießt, oder sich - auf welche Art auch immer - die Welt auf kreative Weise erschließt, muss mit Gleichgesinnten in Kontakt treten können.

Und heutzutage?

Mittlerweile präsentieren 50 Mitglieder aus unterschiedlichen Ländern ihre Werke im Internet. Es ist ein lebendiges Forum entstanden, das zu Gespräch und Austausch einlädt. Freude an künstlerischem Ausdruck verbindet alle unsere Mitglieder über Städte- und Ländergrenzen hinweg. Entgegen den Gesetzen von Wettbewerb und

Verdrängung in der gegenwärtigen Berufswelt geht es dem "Garten der Poesie" um Interesse für das, was künstlerische Menschen bewegt. Dabei begegnen wir uns nicht nur im Internet, sondern auch auf Lesungen und bei regelmäßigen Events. "Poesie ist Wahrheit, die in Schönheit wohnt": Dieser Ausspruch des schottischen Dichters Robert Gilfillan ist unser Motto.

Fühlen Sie sich angesprochen? Liegen ungelesene Gedichte und fertige Kurzgeschichten in Ihrer Schublade? Schreiben Sie gerade an einem Internet-Roman oder arbeiten an einem Ölgemälde? Es gibt so viele Möglichkeiten, sich künstlerisch auszudrücken. Doch häufig fehlt es an Zeit, andere kreative Menschen zu finden oder auf entsprechende Veranstaltungen zu gehen. Mit dem "Garten der Poesie" haben Sie ein Kunstforum gefunden, das alle Begeisterten gleichermaßen willkommnen heißt und jedem die Möglichkeit gibt, an die Öffentlichkeit zu treten. So können Sie jederzeit Ihr Epos bei uns publizieren und ebenso mit anderen Autoren einen Sammelband verfassen.

Gibt es ein Auswahlverfahren?

Nein! Wir freuen uns über jeden Autor und jede Autorin. Egal, ob Sie schon viele Bücher geschrieben haben oder gerade an Ihrem ersten Gedichtband sitzen. Ebenso zählen wir auch Komponisten und Musiker zu unseren Mitgliedern. Die Mitgliedschaft ist übrigens kostenlos - einfach einloggen und loslegen! Wer sich zunächst unverbindlich ein Bild von unseren Aktivitäten machen möchte, ist als Besucher gleichermaßen willkommen. Auf unserer Webseite mit dem Logo einer aufgeblühten Rose verschaffen Sie sich leicht einen Überblick. Klicken Sie sich durch: Lesen Sie veröffentlichte Kurzgeschichten, lassen Sie sich auf eine anregende Fotoreise mitnehmen oder studieren Sie unseren Veranstaltungskalender.

Sie werden überrascht sein, was wir in zehn Jahren an unterschiedlichen Kunstfeldern erschlossen haben. Denn wir sind sicher: Kunst braucht Vernetzung. Gerade in Zeiten der Globalisierung. Im gemeinsamen Nachdenken und künstlerischen Schaffen, in Diskussion und Reflexion bauen wir an dieser Welt mit. So, wie sich der griechische Philosoph Epikur vor über 2000 Jahren mit seinen Schülern zum philosophischen Diskurs in einem Garten traf, treffen wir uns heutzutage im Internet. Und ganz aktuell finden Sie uns sogar mit einem eigenen Stand auf der Leipziger Buchmesse 2017! Wir freuen uns jederzeit über Ihr Interesse: ob persönlich oder im Netz!

6,90 €
Paperback
88 Seiten
ISBN-13: 9783743195820

6,90 €
Paperback
84 Seiten
ISBN-13: 9783746069036

7,90 €
Paperback
100 Seiten
ISBN-13: 9783748192336

7,90 €
Paperback
90 Seiten
ISBN-13: 9783750493445